DANIEL LIBESKIND Y EL MUSEO JUDÍO

OPENHAG... CHICAGO K...

er wrote: "For every Jew living in
...most urgent question is: 'When and
...een 1933 and 1941, some 280,000
...regime, heading for the United
...n and other parts of the world,
...and even Shanghai in China.

Clemens Beeck

Daniel Libeskind y
El Museo
Judío

Con fotografías de Günter Schneider

Jaron Verlag

Ilustraciones
P. 2/3: Vista del museo desde la calle
P. 4/5: Vista posterior del museo
P. 6/7: Pasillos subterráneos del museo
P. 14: Fachada edificio de Libeskind
P. 18: Daniel Libeskind y el «Jardín del exilio»
P. 30: Museo de Berlín 1969–1992
P. 62 Sala de exposición con el granado

Derechos de ilustraciones
Architekt Daniel Libeskind AG: p. 20 abajo
Studio Daniel Libeskind: p. 22 (foto: Jan Bitter, Berlín), p. 23
Courtesy of Daniel Libeskind: p. 57 arriba (Rendering: bromsky)
Museo Judío de Berlín: p. 57 abajo (Rendering: bromsky)
Todas las demás fotografías: Günter Schneider

Edición original
1a edición 2011
© 2011 Jaron Verlag GmbH, Berlín
www.jaron-verlag.de
Traducción: Santos-Erazo
Diseño de portada: rolandmdesign, Berlín; con la utilización de fotografías
de Günter Schneider (Tapa anter., foto grande: detalle del edificio de Libeskind; tapa anter., fotos pequeñas, de izquierda a derecha: antiguo edificio, área
de exposición «Judaísmo moderno», área de medios electrónicos en la exposición, «Jardín del exilio»; tapa post.: Daniel Libeskind y el «Jardín del exilio»)
Tipografía y layout: Prill Partners | producing, Berlín
Litografía: LVD GmbH, Berlín
Impresión y encuadernación: Offizin Andersen Nexö Leipzig GmbH, Zwenkau

ISBN 978-3-89773-661-0

Contenido

La arquitectura con la cuarta dimensión

El visitante se da cuenta enseguida de que los 2.000 años de la historia judío-alemana no son una oferta museal fácil. La subida a la exposición es larga, difícil y exige mucho esfuerzo. La angosta escalera no irradia la solemnidad del foyer de otros museos, no se propone aumentar las esperanzas ni fomentar un sentimiento ameno.

La arquitectura tanto fascinante como angustiante ha sido creada por el arquitecto estadounidense Daniel Libeskind para el Museo Judío de Berlín. Un edificio muy expresivo que por su irradiación y estructuración hace presente continuamente el terrible destino de la población judía en Alemania. Libeskind quiso hacer visible la «cuarta dimensión» y con ello dio base al éxito del Museo Judío de Berlín, conocido mundialmente, recibido con entusiasmo por el público y un imán para visitantes desde su apertura en 2001.

El estilo expresivo caracteriza tanto la pared exterior como la escalera

Raramente es la arquitectura una vivencia tan física y pocas veces el concepto teórico de un edificio penetra tan fuertemente los objetos expuestos como también a quien los observa. Este libro hace comprensible la filosofía que se esconde detrás de la fachada plateada y dirige la mirada a las muchas metáforas en hormigón y acero de la historia judío-alemana. Además aclara los antecedentes culturales e históricos de múltiples estratos.

El proyecto genial y audaz del Museo Judío contribuyó a hacer prominente al obstinado Daniel Libeskind que hasta entonces sólo era conocido en un círculo de expertos. Hoy con su estudio Daniel Libeskind en Nueva York, él pertenece a los más solicitados en la arquitectura del presente.

Libeskind piensa filosófica e interdisciplinariamente. Así ha creado edificios expresivos con carácter inconfundible que desafían la fantasía del observador. El nuevo edificio del Museo Judío es uno de sus más fuertes proyectos porque armoniza de manera convincente el contenido y la forma exterior. Es eminente arte constructivo del comienzo del siglo XXI y una contribución nueva a la cultura conmemorativa.

Por medio de las numerosas fotos del conocido fotógrafo berlinés y cronista Günter Schneider se presentan otros elementos del complejo del museo como el antiguo edificio, el parque, el patio con cubierta de vidrio y los objetos de arte. Además las fotos acompañan al lector a través de la parte esencial del edificio, es decir, la impresionante exposición sobre dos milenios de la historia judío-alemana. Es un viaje desde la Edad Media hasta el presente que en trece secciones proporciona una completa imagen de la vida diaria, la historia, la religión y la cultura.

El museo, lleno de símbolos y lugares conmemorativos (p. 16/17: «Jardín del Exilio»)

El arquitecto

Los años berlineses de Daniel Libeskind

Cuando en la primavera de 1989 Daniel Libeskind ganó el concurso de arquitectura para la construcción del Museo Judío de Berlín, la decisión fue algo sensacional. El profesor de arquitectura que entonces tenía 43 años era conocido por sus ideas innovadoras e inconvencionales, pero aún no había ido más allá de la teoría. El jurado internacional eligió entre los 165 proyectos presentados, el trabajo de un pensador nada convencional, que hasta ese momento no había construido ni una casa. También al respecto de la arquitectura premiada la decisión fue de una audacia sorprendente. Después de los años de la posmodernidad y la reconstrucción de los espacios urbanos históricos que recurrían a elementos estilísticos clásicos, la elección del proyecto de Libeskind fue el reconocimiento de una arquitectura de vanguardia.

Libeskind, que en aquel tiempo tenía una oficina en Milán, no era un desconocido en Berlín. Dos años atrás ya había ganado aquí un concurso. El proyecto urbanístico «City Edge» – en el marco de la Exposición Internacional de Arquitectura de Berlín (IBA) 1984/1987 –

no llegó a realizarse. En aquel tiempo Libeskind triunfó con una construcción de ostensible audacia. Había proyectado una edificación alargada que se elevaba diagonalmente desde el suelo y al final, apoyada sobre esbeltas columnas, quedaba suspendida sobre la tierra en forma colosal. En 1987 Berlín era todavía una ciudad dividida y la construcción que se encontraba en la parte occidental debía elevarse simbólicamente por encima del muro.

También cuando se eligió a Libeskind para la construcción de la ampliación del Museo Judío en Berlín Occidental existía todavía el muro. Pero pocos meses más tarde éste cayó y de pronto su arquitectura experimental encajó en la euforia del nuevo comienzo. El proyecto fue un hito para muchos arquitectos de ideas similares que ansiaban realizar en Berlín sus ideas y visiones inusitadas.

Cuando en 1991 después de la reunificación se concibió el primer gran proyecto destacado, Libeskind formó parte del círculo selecto de colegas prestigiosos cuya fantasía era muy solicitada. Para la reconstrucción de Potsdamer Platz se encargó a 16 oficinas de arquitectos de fama internacional el desarrollo de un plano urbanístico. Pero el proyecto extremo de Libeskind para el baldío entre las dos partes de la ciudad no compaginó con el concepto de los contratistas. Ponía un acento excesivo en el esquema de los «vectores»: líneas de unión en el plano urbanístico que debían representar las relaciones históricas.

Dos años más tarde su proyecto para la urbanización de Alexanderplatz en Berlín-Mitte causó escándalo y controversia en el debate acerca del futuro aspecto urbano de Berlín. En el concurso urbanístico de 1993 obtuvo

Daniel Libeskind y su proyecto de edificación de Alexanderplatz

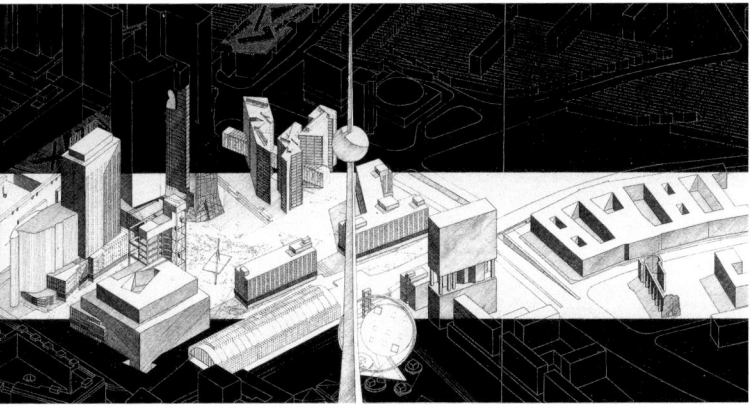

Libeskind el segundo puesto, pero su propuesta de conservar los edificios existentes del tiempo de la RDA despertó mucha simpatía. Él argumentaba que una ciudad no es «una hoja en blanco». Los nuevos edificios deseados debían marcar un claro contraste óptico y por medio de una arquitectura singular liberar el entorno de la plaza del «conformismo totalitario». Su proyecto tuvo de nuevo un efecto provocador y polarizó la opinión pública.

Diez años más tarde Libeskind ganó un concurso urbanístico con su proyecto más grande y complejo realizado hasta entonces: la reconstrucción del World Trade Center destruido en 2001 en su ciudad natal Nueva York. Con su plan maestro premiado que prevé como edificación más alta la Freedom Tower de 541 metros de altura, se debe conservar vivo el recuerdo del ataque terrorista del 11 de septiembre de 2001. Para la realización del proyecto en 2003 Libeskind regresó de nuevo con su familia de Berlín a Nueva York.

Los proyectos de Libeskind

El teórico de la arquitectura de éxito internacional que fascinaba a sus oyentes en las universidades alrededor del globo, se convirtió en el primer decenio del nuevo milenio en un arquitecto que figura en todo el mundo. Muchos de sus edificios espectaculares se encuentran repartidos en Asia, Europa, el Oriente Próximo y América del Norte. Entre sus construcciones hay edificios de viviendas, villas, centrales de empresas, centros comerciales

Museo de Historia Militar de Dresde en una simulación virtual

y museos. En especial para estos es muy solicitada su expresiva característica. Libeskind ha aceptado también encargos más bien difíciles como los dos nuevos museos de historia de la armada.

Tanto para el **Imperial War Museum North** en Manchester como para el Museo de Historia Militar del Ejército Federal en Dresde encontró soluciones expresivas. El museo inglés inaugurado en 2002 comprende tres edificaciones levemente entrelazadas. Los así llamados fragmentos que simbolizan «la tierra, el aire y el agua». El proyecto de Libeskind se basa en el globo terrestre, el mundo actual que se rompió en pedazos y que se lo armó de nuevo, como símbolo de conflictos bélicos. La fachada de láminas metálicas por fuera da la impresión de casi no tener ventanas. El fragmento de la tierra (*Earth Shard*) abarca el espacio generoso y flexible destinado a las exposiciones y semeja un área abierta para conflictos armados. El fragmento del aire (*Air Shard*), sirve de original entrada al museo, a los cuadros que abarcan más allá del proyecto, al observatorio astronómico y a las salas de aprendizaje. El fragmento del agua (*Water Shard*), ofrece una vista panorámica sobre el canal y lugar para un restaurante y un café.

La intención del arquitecto es más drástica en la ampliación del **Museo de Historia Militar** en Dresde. De 1873 a 1876 se creó al norte del centro de Dresde un inmenso conjunto de cuarteles. Los militares usaban el suntuoso arsenal desde 1897 como museo. La nueva edificación de Libeskind corta como con una cuña la ordenación del espacio del arsenal histórico. Inmediatamente al lado del portal neoclasicista resalta la alta cuña de metal. En el patio interior del edificio antiguo de dos alas se encuentran las extremidades de la cuña. El nuevo edificio traspasa el arsenal, abriendo así un lugar para reflexionar sobre el «poder organizado».

Al mismo tiempo, esta «cuña» con su envoltura semitransparente está en contraste con el hermetismo amurallado del arsenal histórico. Libeskind dice: «Así como la fachada del edificio antiguo representa la estrictez del pasado autoritario en que se creó, la fachada del nuevo refleja la apertura de una sociedad democrática y el cambio de rol del militar.» Desde el piso donde está el mirador en la cuña, a treinta metros de altura, el visitante tiene una vista hacia la ciudad antigua de Dresde, hacia el sector que casi desapareció en el bombardeo de febrero de 1945, mientras que el área militar quedó en gran parte intacta.

En el interior del museo se encuentran de repente y ricos en contraste lo antiguo y lo nuevo. El edificio nuevo con sus paredes inclinadas completa las horizontales por medio de espacios abiertos verticales del arsenal ordenado con una red de columnas. Con sus diez mil metros cuadrados de área de exposición en el nuevo edificio, casi nueve mil metros cuadrados en el depósito existente y cerca de dos mil quinientos metros cuadrados en la parte exterior, este complejo inaugurado en 2011 es el museo militar más grande de Alemania. Libeskind logró en Dresde la creación convincente de un museo moderno para la historia militar.

Una fuerza explosiva y de expresión sin compromisos es el nuevo edificio del **Denver Art Museum**. En la ampliación inaugurada en 2006 Libeskind hace realidad su idea de una pinacoteca de arte contemporáneo, dándole la forma de una escultura gigantesca con la caligrafía del expresionismo con ángulos agudos que se elevan en el aire, partes acuñadas y vértices salientes. Una punta parece haberse introducido en el suelo como si se tratara de un cometa inmenso precipitado sobre la tierra. Ya que el edificio está revestido de titanio es inevitable la comparación con el Museo Guggenheim de Bilbao de Frank O. Gehry, que está revestido del mismo material. Para Libeskind el titanio es algo «místico»: el resplandor mate del material es para él más valioso que el brillo resplandeciente del acero.

Las obras de ampliación del Denver Art Museums empezaron en 2003

La ampliación del **Royal Ontario Museum** en Toronto, inaugurado en 2007, da la impresión de edificaciones que se derrumban. Liebeskind hizo la ampliación de los edificios antiguos con una nueva ala, una edificación cristalina de apariencia excéntrica junto al discreto edificio de piedra. El «Michael Lee Chin Cristal» consiste en cinco formas prismáticas ligadas entre sí. Grandes superficies de cristal que abarcan varios pisos abren la fachada de aluminio y hacen las veces de vitrina gigantesca donde se presentan al visitante las piezas de exposición.

El centro comercial del MGM Mirage City Center inaugurado en 2009 en Las Vegas es una muestra de que formas expresivas y un diseño interior correspondiente son apropiados también para un templo elegante de consumo.

La construcción de 2003 del **Studio Weil,** la galería de la artista norteamericana Barbara Weil en Mallorca, presenta formas desacostumbradamente serenas. Si bien el arquitecto rompió también aquí el dictado del ángulo recto, le dio sin embargo una elegante forma bien arqueada. Las paredes blanqueadas y las ventanas ocultas en nichos producen una maravillosa armonía.

La **Felix-Nussbaum-Haus** en Osnabrück es una edificación compleja y de dimensiones modestas. El edificio de tres componentes principales fue la primera construcción que terminó Libeskind y que incorporó la colección del pintor Felix Nussbaum nacido en 1904 en Osnabrück y asesinado en 1944 en Auschwitz. El museo fue construido entre 1995 y 1998 al mismo tiempo que el Museo Judío de Berlín y presenta paralelos tanto en su sentido metafórico como en su configuración. En la ordenación de las tres secciones cuyo plano exterior tiene casi la forma de un triángulo, Liebeskind se guía por los lugares que representaron un papel importante en la vida del artista. Un lado del museo señala hacia Berlín, donde Nussbaum trabajó mayormente, otro hacia Roma, un tercero hacia Hamburgo, las ciudades donde realizó sus estudios de arte y el cuarto hacia el campo de concentración donde fue asesinado.

En una sección angosta de dos pisos se siente la estrechez del ambiente en el que Nussbaum tuvo que crear sus cuadros antes de que la Gestapo

En la Felix-Nussbaum-Haus de Osnabrück está la colección del pintor asesinado

lo arrestara. Los cuadros que pintó en su escondite de Bruselas están expuestos en este museo. Libeskind llamó este proyecto el «Museo sin salida», ya que el pintor que desde 1942 representó en forma pictórica la marginación y el exterminio de los judíos en Europa, no pudo ponerse a salvo del holocausto (en Israel y los descendientes de las víctimas utilizan el concepto hebreo de shoah que significa catástrofe o destrucción). Los tres segmentos tienen fachadas diferentes con revestimiento de madera y cinc y también de hormigón a la vista.

El estilo de Libeskind

Se coloca la arquitectura de Libeskind dentro del deconstructivismo, un estilo en el que las construcciones se salen del canon de formas tradicionales, retando la lucha a las verticales, las horizontales y las proporciones clásicas y desafiando a la estática por medio de paredes diagonales, inclinadas hacia fuera o deformadas. Las edificaciones crean una desarmonía desconcertante y una dinámica indomable. Se presentan en forma muy plástica en el espacio público y contrastan rigurosamente con su entorno.

Los representantes más importantes de esta arquitectura contemporánea son Zaha Hadid, Coop Himmelb(l)au, Rem Koolhaas y Frank O. Gehry. En 1988, Philip Johnson, la eminencia de la arquitectura norteamericana, presentó por primera vez la nueva corriente en el Museum of Modern Art de Nueva York bajo el título «Deconstructivist Architecture». En esta exposición Daniel Libeskind se hizo conocer ante un gran público.

El deconstructivismo continúa la «construcción escultural» con exclusivas edificaciones metafóricas configuradas individualmente, que después de la Segunda Guerra Mundial han causado sensación en todo el mundo, como el Guggenheim-Museum de Nueva York (1946–1959), la iglesia de Le Corbusier en Ronchamp (1950–1955) y el Teatro de la Ópera en Sidney (1957–1973) – edificios «solitarios» que con sus formas osadas dan la impresión de ser esculturas gigantescas.

Las edificaciones de Libeskind están dentro de esta tradición, aunque él mismo no se denomina deconstructivista. Una fuente importante de su inspiración es el expresionismo, el estilo europeo que causó furor a comienzos del siglo XX.

Pintores de la vanguardia berlinesa como Ludwig Meidner o Jakob Steinhardt presentan la ciudad como un mundo fuera de quicio, con casas

Trazado general de Libeskind de Potsdamer Platz para el concurso urbano de 1991

que se inclinan y parecen a punto de derrumbarse. El mundo real en Moriz Melzer se abstrae y fragmenta con líneas puntiagudas y con una dramática exageración. George Grosz pintó «Metrópolis» (1917) como un collage caótico de perspectivas surreales, ángulos agudos y jirones de palabras.

Los proyectos antiguos de Libeskind, como el de Potsdamer Platz (1991) traen al recuerdo las imágenes gráficas de las ciudades de Grosz. También la idea del arquitecto de poner a la vista relaciones invisibles o la complejidad histórica de un lugar a través de la configuración o la disposición de sus edificaciones, presenta los rasgos del expresionismo. La similitud con éste es evidente si se trae al recuerdo el escenario de la película muda «El gabinete del doctor Caligari» de 1920.

También las visiones arquitectónicas de entonces que rompían el mundo imaginario de ese tiempo parecen haber inspirado a Libeskind. Arquitectos rusos dibujaban después de la Revolución proyectos experimentales de construcciones en zigzag, eruptivas, encajadas entre sí y que hacían burla del principio de la estática y de la fuerza de gravedad. El diseño para un templo de los pueblos de Vladimir Krinski de 1919 tiene similitud con el proyecto de Libeskind para el Royal Ontario Museum de Toronto (*The Crystal*). En la era de los ordenadores y gracias a cálculos muy exactos de la capacidad sustentadora se hacen posibles construcciones audaces, lo que hace cien años no era realizable.

La tradición berlinesa y sus arquetipos

En el siglo XX Berlín fue un lugar para la arquitectura experimental, que no se puso al servicio de repeticiones arbitrarias. El Museo Judío de Daniel Libeskind forma parte de las edificaciones berlinesas que en su tiempo eran revolucionarias y siguen siendo hasta ahora exclusivas.

Después de la Primera Guerra Mundial fue ante todo Erich Mendelsohn quien avivó la arquitectura con sus ideas singulares. Una de sus obras maestras es la remodelación de la Casa Editorial Mosse. En un edificio de oficinas de los tiempos del Kaiser, de una marcada verticalidad, en la esquina de la Schützenstrasse con la Jerusalemer Strasse, de 1921 a 1923 colocó en agudo contraste bandas horizontales de ventanas configurando una esquina de una dinámica espectacular. Hasta ahora impresiona el estilo expresivo entonces muy nuevo. De 1926 a 1928 Mendelsohn con dinamismo metropolitano construyó también en la elegante avenida Kurfürstendamm una sala de cine que por primera vez adquirió el rango de teatro y fue construido independientemente. Hoy esa obra pionera de arquitectura es el teatro

Schaubühne en Kurfürstendamm 153. Muy cerca del Museo Judío se encuentra una de las últimas edificaciones de Mendelsohn: la Casa de los Sindicatos, construida de 1929 a 1930, entre la Alte Jakobstrasse y la Lindenstrasse con un frente de curva cóncava.

En la época de posguerra se construyó al norte del Tiergarten la edificación más osada de Europa. El Kongresshalle, la actual Casa de las Culturas del Mundo, con su techo en forma de concha, construido de 1956 a 1957 fue regalo de los Estados Unidos a Berlín Occidental. El edificio del arquitecto Hugh A. Stubbins puede ser comparado con las construcciones orgánicas del español Santiago Calatrava. En aquel entonces el Kongresshalle demostraba el progreso norteamericano y debía ser entendido como símbolo: Stubbins designó la edificación de la John-Foster-Dulles-Allee como «Fanal de la libertad».

El edificio de la Filarmónica de Hans Scharoun en el Foro Cultural (Herbert-von-Karajan-Strasse 1) llamó la atención en todo el mundo. No sólo el estilo expresivo orgánico de la construcción (1960–1963) era excepcional, sino también la idea de dar al pensamiento democrático una forma estética al prescindir de gestos representativos y orden jerárquico. La entrada está casi oculta, las curvas de la construcción de la sala casi sin ventanas dan la impresión de una carpa y el escenario de la orquesta está en el centro de la sala. Para la disposición de las filas de los espectadores, Scharoun aprovechó de manera genial la geometría construyendo tres pentágonos dispuestos uno encima del otro. Así, desde todos los asientos se tiene la misma acústica.

Además de las formas geométricas expresivas, la fachada del edificio de la Filarmónica presenta también similitud con la construcción del Museo de Berlín de Libeskind. También está revestida de placas metálicas – en este caso son placas de aluminio anodizadas en color dorado.

Zaha Hadid, una de las representantes del deconstructivismo de éxito mundial, construyó en 1993, no lejos de Potsdamer Platz y dentro del marco de fomento de construcción de viviendas, una torre esquinera en la Stresemannstrasse 109, que recuerda la proa de un barco.

El más destacado y comprometido opositor del ángulo recto en Alemania hizo realidad sus visiones en Pariser Platz 4 – aunque detrás de una formal cortina de vidrio. En el nuevo edificio de la Academia de Artes, Günter Behnisch se opuso a todas las convenciones. Aquí domina lo oblicuo y lo complicado, escaleras y pasarelas inclinadas. Ya el suelo del foyer del edificio inaugurado en 2005, que da a la plaza, está perceptiblemente en declive.

Nuevo edificio en zigzag y antiguo del Museo Judío (p. 28/29)

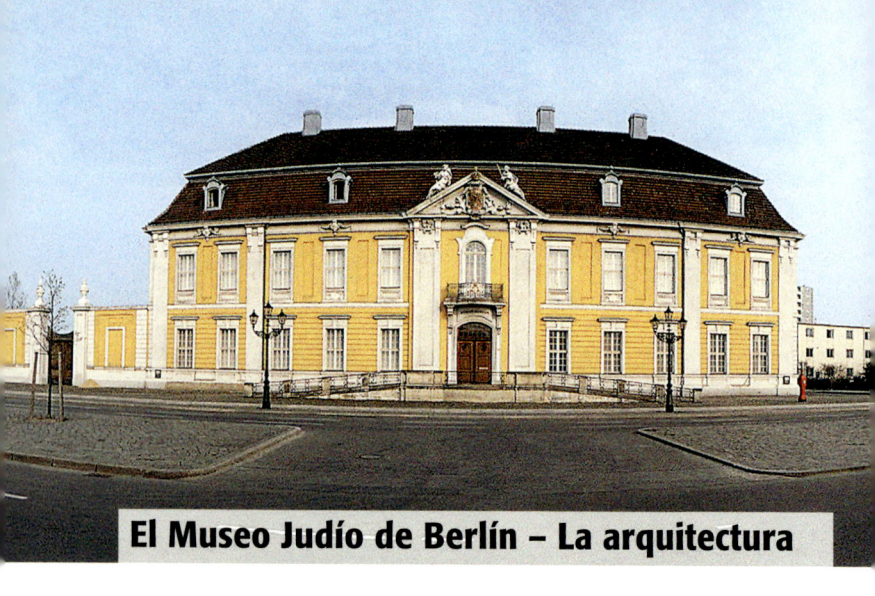

El Museo Judío de Berlín – La arquitectura

La historia del Museo Judío

El 28 de noviembre de 1929 se fundó la Asociación del Museo Judío para promover la apertura de un Museo Judío en Berlín. El pintor Max Liebermann fue Presidente ad honórem de la asociación.

Cuando el Directorio de la comunidad judía puso a disposición un piso de la casa al lado de la Nueva Sinagoga, se inauguró en ese lugar el Museo Judío el 24 de enero de 1933 – pocos días antes de que el nacional socialista Adolf Hitler se convirtiera en Canciller del Reich. En 1936, un año después de la muerte de Max Liebermann, tuvo lugar en el Museo una exposición conmemorativa del afamado artista.

En la noche del pogrom, el 9 de noviembre de 1938, el Museo fue devastado y saqueado. Muchas de las obras expuestas no destruidas se perdieron para siempre en los años siguientes. Hoy se encuentra la Galería Judía en la casa de la Oranienburger Strasse 31.

En 1979 se creó una Sección Judía en el Museo de Berlín en la Lindenstrasse, para la que se planeó pronto una nueva ala del museo. En junio de 1989 fue elegido el proyecto de Daniel Libeskind. Muy pronto comenzó una intensiva discusión sobre un autónomo museo judío. Pero todavía hasta 1996 el proyecto se llamó oficialmente «Museo Judío en el Museo de la Ciudad».

Cuando Werner Michael Blumenthal, gerente empresarial y político estadounidense, tomó la dirección de la institución, impuso la autonomía del museo judío como una institución de rango nacional. En 2001 se convirtió en «Fundación Federal Museo Judío de Berlín». La inauguración del museo tuvo lugar el 13 de septiembre de 2001.

El antiguo edificio

Para sorpresa de muchos visitantes, el Museo Judío de Berlín los recibe en un palacio representativo de la época barroca. En una parte de la ciudad caracterizada por la reconstrucción después de la Segunda Guerra Mundial, el tejado del elegante edificio resulta inusitado. Construido entre 1733 y 1735, es el único palacio barroco conservado en el centro de Berlín, entonces rico en suntuosos palacios señoriales La antigua Casa del Consejo surgió dentro de la gran ampliación barroca de la ciudad (Friedrichstadt) bajo el rey prusiano Federico Guillermo I.

Durante largo tiempo en el palacio de dos plantas funcionaron autoridades judiciales de Prusia como el Tribunal Imperial. La voluta con el escudo estatal prusiano en el frontispicio sobre la entrada, la corona y las figuras alegóricas Justitia y Prudentia son testimonio de ese uso, lo mismo que los retratos de regentes y eruditos que hicieron méritos en el campo

Vista interior del Museo Judío 1933–1938 y el Museo de Berlín (1969–1992) (p. 30)

de la jurisprudencia y que se encuentran encima y debajo de las ventanas en la planta superior.

El monumento prominente y valioso en la historia de la ciudad fue proyectado por el arquitecto Philipp Gerlach, cuyas construcciones caracterizaron el aspecto urbano de Berlín a comienzos del siglo XVIII. A la izquierda del edificio hay un imponente portal que proviene de otro palacio importante del casco de la ciudad, el antiguo Palacio Danckelmann, construido entre 1688 y 1690 por Johann Arnold Nering.

En el siglo XIX el palacio en la Lindenstrasse fue reformado muchas veces, especialmente (1856–1858) por Hermann Friedrich Waesemann, arquitecto de la Alcaldía de Berlín.

El Restaurante Liebermanns está en el edificio barroco del museo

Después de la devastadora destrucción de la Friedrichstadt al final de la Segunda Guerra Mundial, la ruina del palacio de tres alas fue reconstruida por Günter Hönow (1963–1969). Para incorporar el «Museo de Berlín» cambió la estructura de los espacios interiores ya en todo caso destruida. Sólo la fachada exterior con las angostas

El Cedon-Shop ofrece literatura y souvenirs

estrías verticales fue reconstruida como era originalmente.

Durante la división de la ciudad (1961–1989), el **Museo de Berlín** en la parte oeste fue museo de historia, arte y cultura. Después de la construcción del muro la mayor parte de las colecciones históricas de la ciudad permanecieron en Berlín Este y así ya no eran accesibles para los habitantes de Berlín Oeste.

Hoy se encuentra en la planta baja del monumento histórico la entrada al Museo Judío – al edificio

de Libeskind y al jardín del museo. Hay además un restaurante (Liebermanns) y una librería (Cedon). En el primer piso se realizan exposiciones
especiales.

El edificio barroco tiene también relación con el nombre de un afamado
escritor. El poeta y músico romántico E. T. A. Hoffmann ejerció aquí desde
1816 hasta su muerte en 1822 su profesión civil de juez. E. T. A. Hoffmann,
nacido en 1776 en Königsberg, es una de las figuras más grotescas y
cambiantes de la historia literaria alemana. Fue un inspirado narrador de
historias fantásticas que evocan mundos surrealistas, con frecuencia
lúgubres y demoníacas. Debido a sus satíricas descripciones de la realidad
política estaba en peligro de recibir del Estado prohibición de escribir.
Con gusto se dejaba inspirar por el espíritu del vino. Tristemente célebres
son sus orgías con copartidarios en el restaurante de vinos «Lutter &
Wegner» en el Gendarmenmarkt – la plaza que está en el eje visual del
antiguo Palacio de Justicia.

Diálogo entre lo antiguo y lo nuevo

La coexistencia del edificio histórico y el nuevo edificio de Libeskind no
sólo tiene atractivo estético sino remite a otra significativa faceta del
Museo Judío, ya que como museo de la historia judío-alemana no se aísla
del pasado sino más bien se muestra anclado en él.

Como edificio testigo de la época del absolutismo ilustrado, el palacio
representa también un importante período del desarrollo del judaísmo
en Alemania. En aquel tiempo actuaba en Berlín Moses Mendelssohn,
padre espiritual de la Ilustración judía, la *Haskala*.

Este aspecto no estuvo inicialmente en primer plano cuando se decidió
construir al lado de la Casa del Consejo un nuevo edificio para la historia
judía de Berlín. Se trataba de ampliar espacialmente el Museo de Berlín
que funcionaba desde 1969 en el edificio barroco. Pero después de la
decisión a favor del proyecto de Daniel Libeskind el edificio anexo pasó a
ser el centro de la atención.

El nuevo edificio de Libeskind no ha sido concebido como un simple
apéndice del antiguo Museo de Berlín, pero a pesar de su autonomía no
se distancia de él. Tampoco abruma al edificio barroco a pesar de su
volumen. Desde la Lindenstrasse el edificio nuevo tiene un efecto relati-
vamente discreto al lado de la fachada de color amarillo encendido del
antiguo edificio. Le da apoyo al antiguo edificio en el paisaje urbano
amorfo y le ofrece amparo contra los colosos vecinos de la modernidad

de posguerra. Debido a que la parte alta del edificio de Libeskind sobre-
sale en el espacio de la calle, delante del museo ha resultado una plaza
protegida y de tamaño mesurado.

Si bien los dos edificios parecen a primera vista existir separados, están
sin embargo directamente unidos. Uno de los rasgos importantes del
proyecto de Libeskind ha sido poner en relación arquitectónica el edificio nuevo con el antiguo, de tal manera que resultara una convincente
metáfora de la relación ambivalente judío-alemana. El edificio plateado
brillante de Libeskind está cerrado herméticamente, no posee una puerta
de entrada. Sólo se puede entrar a él subterráneamente desde el palacio.
«Si bien las dos tradiciones en cada uno de sus edificios no están vin-
culadas visiblemente, quedan sin embargo inseparablemente unidas y
constituyen para siempre el fundamento común de la ciudad de Berlín»,
ha declarado Libeskind. Que la entrada sea solamente posible a través
del edificio estatal prusiano tendría que hacer claro que el visitante del
museo tiene que ir atrás «bien lejos en la historia de la ciudad».

En el magnífico edificio barroco (1733–1735) está la entrada al nuevo edificio del Museo Judío

La escalera lleva al nuevo edificio

El jardín detrás del palacio barroco fue diseñado antes del nuevo edificio

Este simbolismo arquitectónico tiene un sentido aún más profundo cuando se tiene en cuenta la época siguiente a la terminación de la construcción del edificio barroco en el año 1735. Es la época del rey prusiano Federico el Grande, una fase de la naciente disputa sobre la Ilustración y la libertad de religión, pero también de la nueva limitación drástica de los derechos de los judíos en Prusia. Y es el tiempo en que el filósofo y erudito Moses Mendelssohn (1729–1786) reformó desde Berlín el judaísmo alemán. En el sentido de la Ilustración, pretendía una total igualdad de derechos para la población judía y en la comunidad judía abogaba por el abandono de la separación y la integración en la sociedad cristianamente dominante. Exigía libertad de culto y de conciencia, así como tolerancia religiosa.

El jardín del Museo

Al área del Museo Judío pertenece también un amplio parque. Está constituido por dos jardines independientes y que han sido plantados en un distancia de alrededor de diez años.

El área verde que está directamente detrás del patio cubierto del edificio barroco fue creada antes del proyecto y comienzo de la construcción del edificio de Libeskind. Surgió en el marco de la Exposición Internacional de Arquitectura (IBA) de los años 1984/87 para el Museo de Berlín de entonces.

Los arquitectos Hans Kollhoff y Arthur Ovaska (con Almut Geier) proyectaron un parque en estilo posmoderno en el que se combinan elementos de arte paisajístico clásico con ideas contemporáneas. Con la organización geométrica exacta de sendas, parterres, muros de apoyo y plantaciones, el parque toma relación con el estilo epocal del palacio e interpreta de manera actual y lúdica la cultura barroca de parques. El área trapezoidal sube hacia la Alte Jakobstrasse y termina en una planicie elevada. La línea de álamos que oculta en gran parte el edificio nuevo estaba ya antes del comienzo de la construcción.

Como parte de la configuración del parque que el arquitecto paisajista Henning Icken plantó hasta 1987 hay una arcada de 30 metros de largo y 5 metros de altura que consiste en una pérgola casi redonda. En el área de atrás hay una fuente redonda de granito rojo.

Al final de la pérgola hay plátanos en ordenación estricta cortados en forma típicamente sudeuropea. En los parterres de pasto se han plantado bosquecillos de manzanos ornamentales. Es un lugar en el que los visitantes en los meses de verano hacen una pausa de descanso en una de las tumbonas.

El parque está separado del conjunto habitacional vecino por una alameda de tilos que atraviesa el área de un extremo a otro. La calle adoquinada de la alameda debe recordar las carreteras tradicionales de la Marca de Brandenburgo.

En los jardines posmodernos del palacio tienen lugar conciertos de verano.

El segundo jardín rodea todo el edificio de Libeskind y ha sido concebido por los arquitectos paisajistas Cornelia Müller, Elmar Knippschild y Jan Wehberg. En él se han sembrado de manera no sistemática árboles y arbustos y se han hecho vías macadamizadas y de piedras naturales que parecen no seguir ningún plan. Sin embargo, conforman un modelo de líneas en parte cruzadas en el piso que corresponde al lenguaje de formas de la arquitectura del edificio nuevo. También otros elementos de esta área verde tienen relación con lo esencial del museo. Por eso se sembraron deliberadamente rosas que eran en la antigua Jerusalén las únicas plantas permitidas en el Monte del Templo.

El «Jardín del exilio»

El parque alrededor del edificio de Libeskind se extiende hasta el conjunto habitacional vecino y así une el museo con sus alrededores.

En el lado del parque que está en dirección opuesta a la del edificio barroco está el «Jardín del Exilio». Exactamente al lado hay un espacio empedrado en el que se pueden ver figuras en piedra natural. Este relieve en el piso se ha hecho según un diseño de Gisèle Celan-Lestrange, la viuda del poeta lírico judío Paul Celan (1920–1970). En el borde hay un árbol solitario, es una paulownia, el árbol predilecto del poeta laureado con el Premio-Büchner («La fuga de la muerte»).

La obra de arte que se extiende en el piso de este lugar accesible libremente desde la calle, continúa en el área que está entre el antiguo y nuevo edificio. La plaza resultante de la combadura del edificio de Libeskind se llama Celan, en memoria del poeta.

El nuevo edificio del Museo Judío

Son tres los elementos que le dan al nuevo edificio del Museo Judío su especial carácter: la planta irregular, las cavidades vacías que atraviesan todos los pisos y el laberíntico sótano (piso bajo) de tres pasillos.

La planta llamativamente zigzagueante resultó de que Libeskind trazó en el plano de la ciudad de Berlín líneas que unían direcciones de personalidades históricamente importantes con antiguas viviendas de ciudadanos judíos. A él le interesaban personas que representaran el «nexo entre la tradición judía y la cultura alemana». De la resultante red de líneas organizó él la forma expresionista de la planta que consiste en diez cambios de dirección, o sea, esquinas del edificio con diferentes ángulos. La construcción, cuya superficie de pisos es en bruto de diez mil metros cuadrados, no presenta casi ningún ángulo recto.

La forma característica del edificio nuevo se puede reconocer sólo desde el aire. Por eso ofrece un gran espacio para interpretaciones. En la planta puntiaguda o plegada ven algunos un rayo, otros asocian con ella una Estrella de David quebrada. A la base del concepto teórico del arquitecto se puede interpretar la estructura inconvencional del edificio como metáfora del campo de tensión de la historia judío-alemana. Para Libeskind se trataba de darle al edificio una «cuarta» dimensión que materializara las relaciones invisibles en la topografía histórica de la ciudad.

A la planta puntiaguda se sobrepone una línea axial ancha que atraviesa todo el edificio y en el interior es visible en los cuerpos constructivos cerrados y autónomos que consisten de espacios vacíos de puro hormigón (voids) a los que no se puede entrar. Debido a las líneas que se cortan, Libeskind le dio al proyecto del museo también el nombre de «Between the Lines».

Por la línea recta en el edificio en
zigzag resultan cavidades vacías
(voids); un void sobre el Learning
Center

En el lado izquierdo se ve
la «Torre del Holocausto»

Los voids cuyos pisos están cubiertos de grafito negro, se extienden a través de todos los pisos altos y se los puede ver en los espacios del museo como bloques negros que interrumpen la sala y a los que sólo se puede entrar a través de pasos muy bajos. El grafito negro muestra aquí el transcurso de la línea recta.

Las cavidades simbolizan para Libeskind el vacío «que resulta de la extinción de toda una comunidad o de la represión de la libertad individual».

Cuando se hace el recorrido de la exposición estos voids sirven de estorbo. Ellos representan el núcleo oculto de la historia judío-alemana de persecución, expulsión y destrucción, así como las consecuencias de ello. De esta manera la arquitectura confronta al visitante del museo una y otra vez con la pérdida de cultura y vida. A través de ventanas angostas se puede mirar el abismo vacío. Un void se encuentra en el antiguo edificio barroco, en el que una escalera baja a la entrada subterránea del edificio de Libeskind.

La concepción profunda de la arquitectura refleja la complejidad y la pluri-estratificación de las relaciones judío-alemanas. Teniendo en cuenta la historia dolorosa, Libeskind no quiso proyectar un edificio convencional para exposiciones. Con tal objeto declaró a finales de 1998 antes de terminar la construcción: «El proyecto del Museo Judío se basa en tres ideas fundamentales: primero, la imposibilidad de entender la historia de Berlín sin entender la enorme participación intelectual, económica y cultural de los ciudadanos judíos de Berlín; segundo, la necesidad de integrar en la conciencia y la memoria de la ciudad la significación tanto física como espiritual del holocausto; tercero, la comprensión de que sólo por medio del reconocimiento y la asimilación de esa extinción de la vida judía en Berlín y el vacío así surgido, pueden tener Berlín y Europa un futuro humano».

También el **cubrimiento exterior** del nuevo edificio está dominado por líneas que atraviesan en forma inclinada el edificio y tienen el efecto de tajantes hendiduras, amenazantes grietas o fisuras. En la parte alta parecen haberse desprendido de la pared partes enteras. Con otras incisiones aparentemente sin coordinación resulta un diseño tan extraño que parece de heridas cicatrizadas.

Con las abstractas aperturas de las paredes en que se esconden las ventanas, la fachada es un elemento esencial del edificio. En ninguna parte representa la estructura interior de éste. Ni los pisos ni las escaleras se pueden reconocer desde fuera. Sólo debajo del techo plano, en el tercer piso, hay marcos de ventanas más regulares porque detrás están las oficinas y los espacios funcionales.

Estrechas ventanas seccionan con aparente arbitrariedad la fachada

Debido a que la disposición arbitraria de las hendiduras y aperturas no concordaba con las exigencias de la arquitectura convencional, la realización de las paredes exteriores fue un desafío para los constructores. Especialmente a los constructores de hormigón y a los vidrieros se les exigió su máxima habilidad para realizar ese complicado proyecto. Alrededor de mil hojas de vidrio de diferentes medidas y extrañas formas tuvieron que ser cortadas e instaladas. Sólo cinco eran idénticas.

El cubrimiento exterior se ha hecho de delgadas láminas de cinc que con frecuencia se emplean en los tejados. Con esto Libeskind se ha referido a una tradición berlinesa. Este material de construcción es de precio módico y fácil de montar. Además otra característica del metal ha sido importante para el arquitecto. El cinc se oxida poco a poco, con los años desaparece el brillo plateado y la superficie se vuelve mate y toma un colorido azul verdoso. Con el aumento de la falta de brillantez en la fachada para la que se ha empleado el cinc mezclado con titanio, debe aparecer ópticamente más fuerte el diseño de las aperturas. Libeskind no ha querido un cuerpo extraño brillante y señorial en la imagen de la ciudad, sino un edificio que armonice en la vecindad por medio de la utilización de un material que está en todas partes en los alrededores. Así por ejemplo

los complejos habitacionales más allá del jardín del museo tienen techos de hoja de cinc.

Los pasillos subterráneos

La tercera característica elemental del edificio de Libeskind es desde fuera tan poco visible como lo son los voids, pero para el visitante del museo es lo más comprensible ya que no tiene que descifrarlo. Se trata de los pasillos subterráneos que hay que pasar antes de llegar a la exposición. Libeskind ha puesto en la planta subterránea tres túneles que se cruzan y todos conducen a una meta diferente. El visitante tiene que tomar tres diferentes vías sin saber a dónde conducen. En una forma enérgica y sin embargo sutil uno está confrontado con el destino de la población judía en la época de la tiranía nazi (1933–1945). Los nombres de los tres pasillos hacen esto claro: «**Eje de la continuidad**», «**Eje del exilio**» y «**Eje**

Símbolo de destinos judíos 1933–1945:
En el subterráneo se encuentran el
«Eje del exilio» y el «Eje del holocausto»

Estelas con árboles en el «Jardín del
exilio»

El «Jardín del exilio» recuerda la huída de la Alemania nazi

del holocausto». El piso de perfil inclinado y levemente ascendente refuerza la sensación de estar en un terreno inseguro e incalculable.

«La primera y más larga vía conduce a la escalera principal, a la continuación de la historia de Berlín y a las salas de exposición del Museo Judío», escribe Libeskind. Esta escalera de noventa peldaños está en un espacio angosto de tal altura que le da a uno la sensación de que la escalera va a subir indefinidamente. Después de 82 peldaños se llega a la entrada de la exposición permanente en el segundo piso. Los últimos ocho peldaños del final de la escalera están simbólicamente en una pared blanca. La escalera tiene el nombre de Mortimer Sackler que ha dado al Museo Judío una importante donación.

«La segunda vía conduce hacia fuera al jardín de E. T. A. Hoffmann y representa el exilio y la emigración del los judíos de Alemania». El «**Jardín del exilio**» que lleva el nombre de E. T. A. Hoffmann se encuentra fuera del nuevo edificio. En un espacio cuadrado bastante más bajo que el nivel del suelo hay 49 estelas de hormigón exactamente ordenadas. Son más altas que una persona y en ellas crecen árboles del Paraíso. El piso al pie de la estelas es inclinado. Porque son verticales en el plano inclinado, todo el bosque de estelas está en declive. Pero quien está entre ellas tiene más bien la sensación de que el entorno se está desplomando. Libeskind quiso explicar con esto que también los judíos que se habían salvado en el exilio raramente encontraron la paz ya que eran extranjeros en un país extranjero, eran un «aluvión» sobre el «buque naufragado de la historia del los judíos alemanes». El visitante debe perder su sentido del equilibrio debido a la inclinación, debe desorientarse – se produce un ligero mareo. La intención de la construcción, las estelas y vías estrechas recuerdan la concepción del monumento conmemorativo de los judíos asesinados en Europa («Monumento del Holocausto») de Peter Eisenman. El concurso para este monumento en la Puerta de Brandeburgo tuvo lugar después del comienzo de la construcción del Museo Judío.

El «Jardín del exilio» encierra además otro mensaje de Libeskind: en 48 estelas se ha puesto tierra de Berlín y simbolizan el año 1948 en el que fue fundado Israel. Los árboles del Paraíso en las estelas centrales tienen sus raíces en tierra de Jerusalén.

El tercer pasillo subterráneo termina en la puerta hacia la **«Torre del Holocausto»**, un espacio vacío de hormigón a la vista de casi 24 metros de altura. No tiene calefacción y fuera de una angosta rendija como ventana está completamente cerrada. El escueto espacio de hormigón permite figurarse el angustioso sentimiento de estar entregado y no tener salida. Porque la torre se encuentra fuera del museo, penetran por la rendija luz difusa y ruidos amortiguados de la ciudad. Quien se encuentra en la «Torre del Holocausto» tiene la sensación «de estar separado de la vida diaria normal» como los judíos berlineses durante la dictadura nazi. Así describe Libeskind las sensaciones que ha intentado comunicar. La torre es monumento exhortatorio del museo.

Interior de la «Torre del Holocausto»

Los tres pasillos tienen en conjunto 211 metros de largo y su piso está cubierto de pizarra negra. En el lugar del cruce está el Rafael Roth Learning Center, desde donde se puede mirar hacia arriba en dos de los voids.

En las vitrinas a lo largo de los ejes se pueden ver objetos personales de aquellos a quienes les tocó el destino que simbolizan los pasillos – que tuvieron que ir al exilio o fueron víctimas del holocausto. El recuerdo de los judíos asesinados y exilados entre 1933 y 1945 recibe aquí un nombre.

La instalación «Shalechet» de Menashe Kadishman (p. 50/51)

La instalación «Shalechet»

Por la escalera principal se llega en la planta baja a la entrada al único Void a que se puede entrar: el **Vacío de la Memoria** (Memory Void). En el camino hacia allá se encuentra la galería Eric F. Ross para exposiciones especiales.

Ahí se encuentra la muy impresionante instalación «Shalechet». Como «hojas caídas» (*Shalechet* en hebreo) están dispersas por el suelo desnudo de hormigón más de diez mil discos redondos de hierro con grabados de caras con las bocas muy abiertas cubriendo el suelo del Void. El escultor israelí Menashe Kadishman (nacido en 1932 en Tel Aviv) recuerda con esta instalación hecha entre 1997 y 2002 de manera impresionante a todas las víctimas inocentes – las de ayer pero también las de hoy y de mañana.

Distribución del espacio

En el edificio de Libeskind, al contrario del expresivo plano horizontal, el plano vertical se ha mantenido convencional. Cinco plantas ordenadas horizontalmente (tres de ellas plantas altas) forman una construcción plana de una altura correspondiente a la de los edificios de alquiler tradicionales de Berlín. En la planta superior están las oficinas del Museo y las

La expresiva decoración del lugar rompe con la visión habitual

dos plantas siguientes que tienen una mayor altura, se utilizan para la exposición.

La distribución de los espacios no sigue un modelo jerárquico. La escalera principal está herméticamente separada de las salas en un angosto espacio ascendente en el lado sur de la sección más larga. Además hay una escalera secundaria en el otro extremo del edificio y ascensores que unen las dos plantas de exposiciones.

La estructura de los espacios en cada uno de los niveles resulta de los pliegues en la planta, de los voids incorporados y de las cajas de escaleras. La asombrosa riqueza de variantes de espacios de corte inusitado, salas y gabinetes, es uno de los rasgos característicos del edificio de Libeskind.

A las impresiones espaciales inusitadas y contrarias a las maneras usuales de ver contribuyen las ventanas sesgadas y las aperturas en la fachada que no respetan ni las limitaciones de los pisos ni sirven a la estructuración de las salas. La luz diurna que entra forma diseños cambiantes en las salas. Debido a las líneas también inclinadas en los techos la percepción perspectivística se desorienta, los techos y los pisos parecen tener declive a pesar de que son horizontales.

La renuncia a una clara estructura del espacio y las aperturas estrechas de las ventanas arbitrariamente colocadas, llevaron inicialmente a los críticos de arquitectura a temer que el edificio de Libeskind no sería apropiado para servir de museo, la forma exterior expresiva sería nada más que finalidad en sí. Mientras tanto ya no se discute que aquí arquitectura y exposición forman una simbiosis y se enriquecen recíprocamente.

Patio con cubierta de vidrio / Enramada

En tanto que el nuevo edificio del Museo está dedicado a la memoria del sufrir judío en el pasado, en los años del holocausto, el espacio de vidrio en el patio del antiguo edificio barroco se refiere a la nueva relación judío-alemana en el presente. Daniel Libeskind combina con este patio inaugurado en el año 2007 muy naturalmente un símbolo judío con un testimonio de la historia prusiana.

El patio del palacio barroco, configurado como enramada

El patio interior es una enramada abstracta

La cubierta transparente del patio que está basada en cuatro pilones y una nervadura de acero representa la enramada (*sukka*, en hebreo). La enramada simboliza las chozas provisorias en las que los israelitas vivían durante su travesía de cuarenta años por el desierto, después del éxodo de Egipto. En la fiesta anual de la enramada (*sukkot*) deben tomarse todas las comidas tradicionalmente en una sukka.

Los claros pilones del techo de vidrio tienen la estructura de árboles que se entraman hacia arriba. De esto resulta una enramada irregular que descansa sobre el patio de 670 metros cuadrados.

En el patio cubierto de vidrio en el que caben hasta quinientas personas se llevan a cabo conciertos, presentaciones de teatro y recepciones.

La Academia del Museo Judío

También el proyecto de la Academia del Museo Judío que se inaugurará en el otoño de 2011 es de Daniel Libeskind. La nueva central para educación con biblioteca y archivo estará ubicada en un antiguo mercado cubierto para el comercio mayorista de flores frente al complejo museal. El inmenso espacio de seis mil metros cuadrados fue dotado según el principio «casa en casa» de tres cuerpos constructivos: para el auditorio, la biblioteca con sala de lectura y el área de recepción. Esta área sale de la pared y es visible desde el exterior.

La entrada se encuentra frente a la explanada del Museo en un cubo inclinado. Esta forma y también revestimiento con paneles de cinc-titanio que ya muestran pátina se refieren claramente al nuevo edificio del Museo Judío. Las letras hebreas *alef* y *bet* refieren como luces cenitales a la función del edificio.

Por la entrada se llega al espacio en el cual se encuentran otros dos cubos también inclinados: la biblioteca y la sala de conferencias. Libeskind repite aquí en su típico lenguaje de formas la estructura del «Jardín del exilio» al lado del Museo. El revestimiento de madera de las construcciones inclinadas una contra la otra crea un ambiente tranquilo y concentrado, tanto hacia afuera como hacia adentro. La madera debe también recordar las cajas de transporte, símbolo de las donaciones que el Museo Judío recibe de todo el mundo.

Entrada a la Academia

Entre los tres cubos resultó un interespacio que se va a convertir en jardín. A los lados hay otras construcciones de un piso para diversas funciones.

El antiguo mercado que en los años 1962 a 1965 fue construido según

Salas de la Academia en el antiguo mercado (simulación virtual)

los planes del arquitecto Bruno Grimmek y el cual – para proveer el interior con el máximo posible de luz diurna – ha sido provisto con techos llamados Shed, no ha sido reformado por la inclusión de la academia que ocupa alrededor del sesenta por ciento de su área.

La Academia del Museo Judío presta sus servicios sobre todo a los casi cien mil visitantes anuales que utilizan la oferta educacional del museo con talleres y proyectos. La **Biblioteca** posee una colección única de literatura judío-alemana, música y cultura, así como libros en lengua hebrea y dialecto judío-alemán. Hay en existencia cerca de setenta mil medios. El libro más antiguo data del siglo XIV. El **Archivo del Museo Judío** conserva en número creciente donaciones de personas individuales y de familias. También se puede recurrir a la mayoría de medios del archivo importante del **Instituto Leo Baeck** (Nueva York), uno de los archivos más grandes del mundo para la historia judío-alemana. Además existe un acceso a la renombrada colección científica de la **Wiener Library** (Londres).

Se pretende establecer en Berlín uno de los centros más importantes de investigación y educación relacionados con la historia y la cultura del judaísmo de lengua alemana.

Escalera del nuevo edificio y café del museo (p. 60/61)

La exposición permanente: dos milenios de historia judío-alemana

Al final de la larga escalera en el edificio de Libeskind se encuentra la entrada a la exposición permanente. La visita comienza en el segundo piso y lleva por una superficie de más de tres mil metros cuadrados a través de dos milenios de historia judío-alemana. La exposición está organizada cronológicamente y va desde la temprana Edad Media hasta el presente. El largo espacio de tiempo está repartido en 13 panoramas epocales. Además de documentos, pinturas, artesanía, libros, fotografías y objetos de la vida cotidiana hay también numerosos objetos de ceremonias judías y rituales religiosos.

La muy variada presentación fue concebida por la oficina de exposiciones Würth & Winderoll. Los renombrados expertos Petra Winderoll y Klaus Würth configuraron también la Casa de la Historia de la República Federal de Alemania en Bonn. En la exposición se estimulan todos los sentidos y hay siempre nuevas formas sorprendentes y con frecuencia también interactivas. A quien quiere ocuparse con los temas presentados se le ofrecen más informaciones. Para los jóvenes hay contenidos apropiados a su edad explicados en forma entretenida.

El viaje por el tiempo comienza con un **árbol de granado**. Los visitantes son invitados a participar activamente: pueden escribir un deseo en un papelito y colgarlo en el árbol. La granada es considerada símbolo de sabiduría y fertilidad. Según la creencia popular judía la fruta tiene tantos granos como mandamientos y prohibiciones hay en la Tora.

En la misma sala cuelgan del techo numerosos letreros con nombres de calles: «Jüdengasse» (calleja judía), «Am Judenfeld» (en el campo judío),

«Judenstrasse» (calle judía), «Judenhof» (patio judío). Los nombres históricos todavía en uso recuerdan los apretados barrios aislados del resto del área urbana en que los habitantes judíos tenían que vivir en la Edad Media. Separación, discriminación y aislamiento de la población judía en la sociedad dominada por el cristianismo han acompañado y determinado la historia cultural judío-alemana durante muchos siglos y es lo que muestran claramente los letreros de calles al comienzo de la exposición.

El documento más antiguo que se conoce sobre una comunidad judía en el ámbito cultural de lo que después fue Alemania, es el decreto del emperador Constantino del año 321 de nuestra era sobre las relaciones legales con los judíos en la *Colonia Agrippina*, la colonia romana que es hoy la ciudad de Colonia. Después de ser expulsados de Judea, los judíos siguieron a las legiones romanas como comerciantes también hasta la lejana Germania.

Pasillo con letreros de calles; antes el visitante se encuentra con el granado

El mundo de Askenaz (950–1500)

Según el nombre bíblico *Askenaz* fue denominado el espacio de la colonia judía en el ámbito de la actual Alemania y en el norte de Francia, mientras en la península Ibérica, un floreciente centro de la vida cultural judía, se usó el nombre *Sefarad*. En las ciudades Speyer, Worms y Maguncia se encontraban en la temprana Edad Media las comunidades judías más importantes. Fueron llamadas *Shum*, según las letras iniciales hebreas de los nombres de esas tres ciudades a lo largo del Rin. En Worms estaba la sinagoga más antigua de Alemania, construida alrededor de 1034. El museo muestra magníficos documentos originales y descripciones del medioevo, entre ellos un manuscrito hebreo del siglo XIII y un devocionario del siglo XIV de Maguncia.

La convivencia entre cristianos y
judíos en la temprana Edad Media fue
durante siglos llena de paz y respeto

Copias de esculturas de la Catedral
de Bamberg

En el primer milenio, cristianos y judíos pudieron convivir pacíficamente sin restricciones, lo que cambió con las Cruzadas. Después de una fase de prosperidad económica y cultural siguieron terribles pogromes. Los primeros cruzados en 1096 ejecutaron masacres en las colonias judías y las saquearon.

En el Cuarto Concilio Laterano en Roma en 1215 las autoridades de la iglesia exigieron que los judíos llevaran sombreros de punta o marcas amarillas en los vestidos para ser reconocidos. Muchas de las restricciones, como la prohibición de ejercer la profesión de artesanos, tuvieron comienzo en la Edad Media.

La vida de las mujeres (1646–1724)

Esta sección de la exposición se dedica a la vida de la comerciante Glikl bas Juda Leib de Hamburgo. Entre 1691 y 1719 ella escribió sus

memorias y así guardó el recuerdo de la vida judía de aquella época. Además de sus preocupaciones, necesidades y éxitos describió también su anhelo de liberación de un ambiente hostil a los judíos. Esta biografía de una mujer judía, la más antigua conservada, fue traducida al alemán por Bertha Pappenheim (1859–1936). También la obra y el éxito de la comprometida feminista Pappenheim son parte de esta sección de la exposición.

En una estación de medios se muestran nueve películas que cuentan de costumbres, objetos, vestimenta y lugares de las tres religiones mundiales monoteístas.

La ciudad, el campo, la corte (1500–1800)

Después de su expulsión de las grandes ciudades en el siglo XV, los judíos encontraron refugio en las regiones rurales del sur y oeste de Alemania.

La sección «La vida de las mujeres»

Sólo en Francfort, Friedberg, Praga y Worms hubo todavía en esa época colonias judías urbanas. Siguió una época de tolerancia pagada con dinero. Los gobernantes nobles de los innumerables pequeños estados otorgaron contra pago al contado «salvoconductos» temporales a los judíos. La población judía vivía en una situación muy precaria, amenazada por la arbitrariedad política y la enemistad de los vecinos cristianos.

Mientras, por un lado, los comerciantes judíos tenían gran participación en el intercambio comercial entre la ciudad y el campo, por otro lado, crecía el número de judíos pobres y sin patria. Estos encontraban el apoyo de los correligionarios ricos, los «judíos de la corte». En la época del absolutismo eran muy solicitados por los gobernantes nobles los judíos expertos en el sistema financiero. Ellos gozaban de privilegios extraordinarios para asegurar la enorme necesidad de dinero para el mantenimiento de las tropas y la autorepresentación.

La Ilustración exige la igualdad de derechos de todas las religiones

Los visitantes pueden participar en la tradición de asistencia a los pobres con una donación por medio de un juego.

Moses Mendelssohn y la Ilustración (1750–1800)

La exposición le dedica un gran espacio a una de las personalidades judías más importantes en Alemania, el filósofo Moses Mendelssohn (1729–1786) y a la Ilustración. En una época en la que a los judíos se les negaban los derechos civiles, este erudito, escritor y traductor que vivía en Berlín, luchó sin descanso por la tolerancia entre las religiones. Quería relacionar lo mejor de las dos culturas, la judía y la cristiana. Por eso apoyó la primera escuela judía libre, financiada por el comerciante berlinés Isaak Daniel Itzig (1750–1806), banquero supremo de la corte y asesor

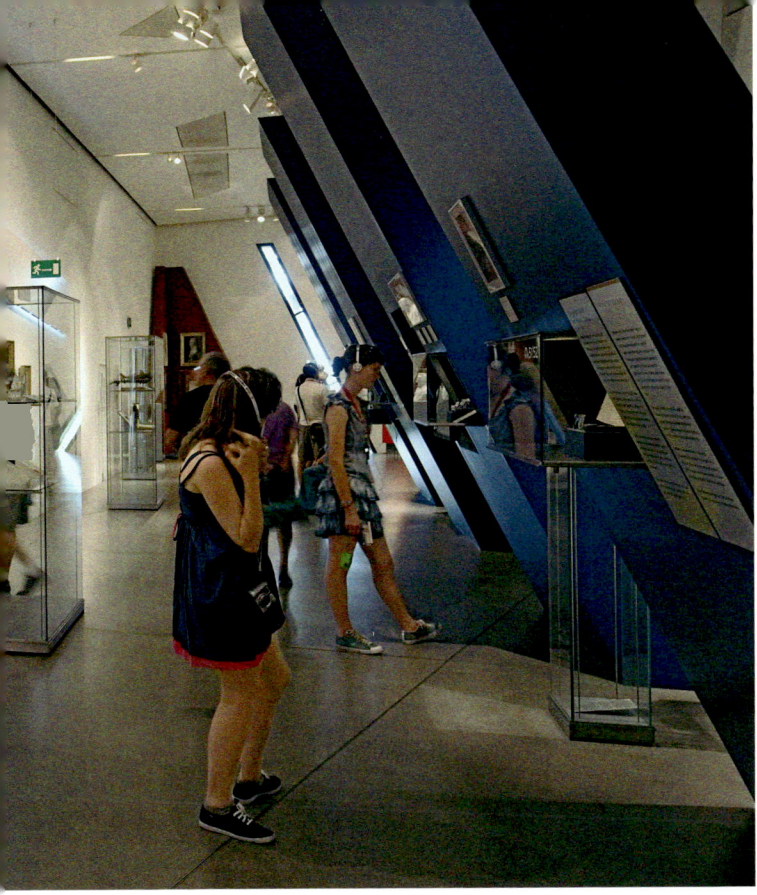

de construcciones de Federico el Grande. Fundada en 1778 fue algo completamente nuevo, en ella ya no se enseñaban solamente la tradición religiosa y el idioma hebreo, sino también contenidos mundanos también por maestro cristianos.

En 1763 ganó Mendelssohn con su tratado «Sobre la evidencia en las ciencias metafísicas» el primer premio de la Academia Real de Ciencias en Prusia. Es legendaria su amistad con el autor Gotthold Ephraim Lessing (1729–1781) que con su obra teatral «Nathan el sabio» abrió al amplio público de la burguesía culta el pensamiento progresista de Mendelssohn, actual hasta hoy, la exigencia de la reconciliación de las tres religiones monoteístas mundiales.

Pocos años después de la muerte del filósofo y partidario de la Ilustración apareció en 1783 su libro «Jerusalén o acerca del poder religioso y el Judaísmo». En él exige algo inusitado: la separación estricta entre iglesia y estado. También que nadie puede ser excluido de los derechos civiles por sus convicciones religiosas.

Sus valientes exigencias se pusieron en práctica primero sólo en Francia. Después de la Revolución Francesa en 1789 la población judía recibió allá por primera vez todos los derechos civiles.

Tradición y cambio

Candelabro (*shabat*) y caja de condimentos (*besamin*) en diseño moderno, ositos de goma preparados según el rito judío en automáticos y *kipot* de moda de Israel y los Estados Unidos, son cosas de la vida cotidiana a las que vuelve la exposición después de su viaje por la historia. Se muestra cómo se ponen en práctica en la época actual las tradiciones y costumbres religiosas y cómo se celebran las fiestas y ceremonias.

Para eso se colocan uno al lado del otro objetos de culto históricos y actuales. Debajo de una *chuppa*, un baldaquín nupcial del año 2001, hay cinturones de boda del siglo XVII y una piedra de boda del siglo XVIII.

A los visitantes para los que las costumbres judías no son familiares, se les explica entre otras, las leyes de «la comida para el hogar según el rito judío», se les aclara la *Brit Mila,* la circuncisión de un niño varón y se les dice de qué se trata en las fiestas de la mayoría de edad de los chicos y chicas, *Bar* y *Bat Mizwa*.

Vista del baldaquín; juego moderno

La sección «La vida familiar»

La vida familiar (1850–1933)

Esta sección de la exposición centra su atención en la importancia de la familia en el siglo XIX. Con el aumento de importancia de la burguesía en la época del capitalismo se formó también en la población judía una capa burguesa. Al lado de una educación escolar más alta y un estudio universitario, jugó también un rol importante un estilo de vida representativo. Entretanto las costumbres religiosas fueron relegadas más y más a segundo término. Una ola de secularización se extendió a los círculos judíos liberales y llegó hasta incluir en la vida familiar tradiciones cristianas. Un ejemplo evidente es el árbol de navidad.

La contribución de la burguesía judía al desarrollo cultural y económico de los estados alemanes fue inmensa. La exposición recuerda por ejemplo a Amalie Beer (1766–1854), madre del compositor Giacomo Meyerbeer, que recibió en 1816 la orden prusiana de la reina «Luise» porque había atendido a los heridos de las guerras de liberación, lo mismo que al comerciante James Simon (1851–1932) al que Berlín debe algunos de los tesoros culturales de la Isla de los Museos, como el busto mundialmente famoso de la reina egipcia Nefertiti y también a la familia Rothschild, conocida en toda Alemania por sus fundaciones de utilidad pública.

La instrucción era muy importante para la burguesía

Alemanes y judíos a la vez (1800–1914)

La visita lleva ahora al primer piso. Aquí se invita primero a los visitantes a participar en discusiones que se llevaron a cabo hasta 1912: en una grabación auditiva se reproducen como ejemplo debates sobre la emancipación de los judíos, cuyo contenido hoy aterra: «¿Pueden ser alemanes los judíos?» o «¿Podrán elegir su domicilio libremente?»

La constitución del Reich alemán de 1871 tenía una clara respuesta a estas preguntas: las personas de creencia judía por primera vez en toda Alemania fueron ciudadanos con los mismos derechos y todas las limitaciones legales fueron suspendidas.

El objetivo de la mayoría de la población judía era integrarse en la sociedad alemana sin abdicar de sus creencias y tradiciones. Sin embargo, el rechazo, la discriminación o los ataques abiertos siguieron siendo realidad. Con frecuencia muchos judíos se convirtieron al cristianismo porque de lo contrario se les hubiera prohibido ejercer ciertas profesiones. En la pared del museo se extienden las manifestaciones antijudías como un hilo desolador a lo largo del siglo, entre ellas citas de personalidades famosas de la cultura alemana como Immanuel Kant, Richard Wagner, Wilhelm Busch y Theodor Fontane.

El «antisemitismo» nació por último de antiguos resentimientos con el pueblo judío. La diferencia con el antijudaísmo cristiano por motivos religiosos, radica en que no se persiguió a los judíos por su religión sino por

La emancipación del pueblo judío
y la construcción de nuevas sinagogas
(p. 76/77) son tematizadas en el
siglo XIX

El judaísmo en el Imperio

su «raza», por ser «semitas». El pensamiento antisemita pseudo científico era bien visto pero también criticado por muchos científicos de fama. Theodor Mommsen, Rudolf Virchow, Johann Droysen y 76 colegas redactaron un escrito en defensa del judaísmo.

Judaísmo moderno (1800–1933)

Esta parte de la exposición se dedica al análisis del origen de las diferentes corrientes dentro del judaísmo moderno. Los rabinos ya no eran tan sólo eruditos del Talmud sino tenían también formación académica e intentaban dar una nueva forma a los servicios religiosos. En el decenio de los años 1830 hasta 1840 surgieron varias diferentes posiciones entre reforma y ortodoxia.

Abraham Geiger (1810-1874) fue una de las cabezas de un movimiento reformatorio y quería desarrollar el judaísmo hacia una religión viva. Editó

Die Architektur
der Synagoge

Testimonios de la modernización del judaísmo

un devocionario que se convirtió en el fundamento de la mayoría de los devocionarios liberales.

Samson Raphael Hirsch (1808–1888) fue el iniciador de la ortodoxia moderna que quería poner en armonía la tradición y la cultura del entorno. En los servicios religiosos de la comunidad religiosa israelita de Francfort del Meno introdujo el sermón alemán y la música coral religiosa.

En 1935 Regina Jonas (1902–1944) fue la primera mujer del mundo que se ordenó de rabina.

Martin Buber (1878–1965) y Franz Rosenzweig (1886–1929) tradujeron las biblias hebreas al alemán.

Berlín, Berlín (1890–1933)

Desde fines del siglo XIX la metrópoli Berlín ejerció una atracción muy grande en la población judía. Si en 1910 casi una cuarta parte de ella vivía en la capital de Alemania, en 1932 ya eran alrededor de 172.000 personas. La época más vital de Berlín, su desarrollo hasta convertirse entonces en el centro de la cultura, la ciencia y la economía, se debe en gran parte a las familias y personalidades judío-alemanas. Premios Nobel como Paul Ehrlich (1854–1915), Fritz Haber (1868–1934) y Albert Einstein (1879–1955), así como el fundador de AEG, Emil Rathenau (1838–1915) son algunos representantes de la época. Los confeccionadores judíos determinaron el mundo de la moda y los comerciantes fundaron los primeros grandes almacenes (Kadewe, Wertheim, Tietz). Rudolf Mosse (1843–1920) y Leopold Ullstein (1826–1899) crearon una moderna industria editorial y nacieron periódicos que se pueden comprar hasta ahora.

El dodecafonismo del famoso compositor Arnold Schönberg (1874–1951) revolucionó la música clásica. El dramaturgo Max Reinhardt (1873–1943), director del Deutsches Theater renovó la escenificación teatral. Hay que tener en cuenta sobre todo el gran aporte de los autores judío-alemanes a la literatura alemana.

En estaciones auditivas se oye la música de antes de 1933

A las piezas valiosas del museo pertenecen los cuadros del pintor Max Liebermann (1847–1935) que fue Presidente de la Academia de Bellas Artes de Berlín de 1920 a 1933, así como las obras de Ludwig Meidner (1884–1966).

Este y Oeste (1900–1933)

«Este y Oeste» lleva como título una revista sionista y bajo el mismo título se presenta la nueva orientación y la búsqueda de una visión del futuro en partes de la población judía. Un mapa de Palestina del año 1893 simboliza «El país del anhelo», la esperanza de un terruño independiente, libre de enemistades. Y así el vienés Theodor Herzl (1860–1904), fundador del Movimiento Nacional Judío, con su libro «El Estado Judío» (1896) pudo llegar a muchos judíos que estaban desilusionados e intranquilos debido al antisemitismo creciente en Europa.

Otros documentos y fotografías presentan los comienzos del movimiento de los kibutz en Israel y muestran vistas de Tel Aviv después de su fundación en 1909.

También se recuerda la idealización del «shtetl» en Europa del Este por artistas e intelectuales en Alemania, que consideraban como baluarte de una intacta comunidad judía.

Los documentos auditivos son un
elemento importante de la exposición,
hacen más comprensible el pasado

La exposición enseña la variedad
cultural en la sociedad judío-alemana

Igualdad en peligro (1914–1933)

Luchar unidos por la «patria alemana», arriesgando también la vida, parecía ser para los ciudadanos judíos la mayor demostración y una señal indudable de la asimilación definitiva e irreversible. Con el mismo entusiasmo patriótico que invadió a muchos ciudadanos en Europa aclamaron el comienzo de la Primera Guerra Mundial. En la exposición se pueden ver las condecoraciones con las que el Imperio del Kaiser honró a los numerosos soldados judío-alemanes por sus servicios. Y también se ven tumbas provisionales representando a los 12.000 caídos de creencia judía.

Con el comienzo de la primera democracia en Alemania en 1919 germinó de nuevo la esperanza del fin del tratamiento desigual – sobre todo cuando el hijo del fundador de AEG, Walther Rathenau (1867–1922), en enero de 1922 fue nombrado Ministro de Asuntos Exteriores de la joven república. El atentado alevoso, cinco meses después de asumir sus fun-

ciones, el 24 de junio de 1922, demostró que los antisemitas dispuestos a la violencia no vacilaban en cometer un asesinato.

Nacionalsocialismo (1933–1945)

En el capítulo más aciago de la historia judío-alemana se tiene presente la reacción a la persecución nazi a partir de 1933. Cuando las prohibiciones de ejercer la profesión para la población judía, la represión y las trabas pusieron de manifiesto el carácter del gobierno de Adolf Hitler, se fundó el 17 de septiembre de 1933 la «Representación en el Reich de los Judíos Alemanes», la primera organización general alemana de cerca de 560.000 judíos alemanes. Su presidente fue el conocido rabino Leo Baeck (1873–1956). En el ámbito cultural se fundó en 1933 la «Federación Cultural de Judíos Alemanes».

Los fines principales eran la creación de escuelas judías y una red de

Con la ideología racista y la difamación los nazis destruyeron los sueños de la igualdad de derechos

Dictadura nazi 1933–1945

Documentación de la cruel persecución
y exterminio de los judíos en Europa
en la dictadura nazi y en la Segunda
Guerra Mundial

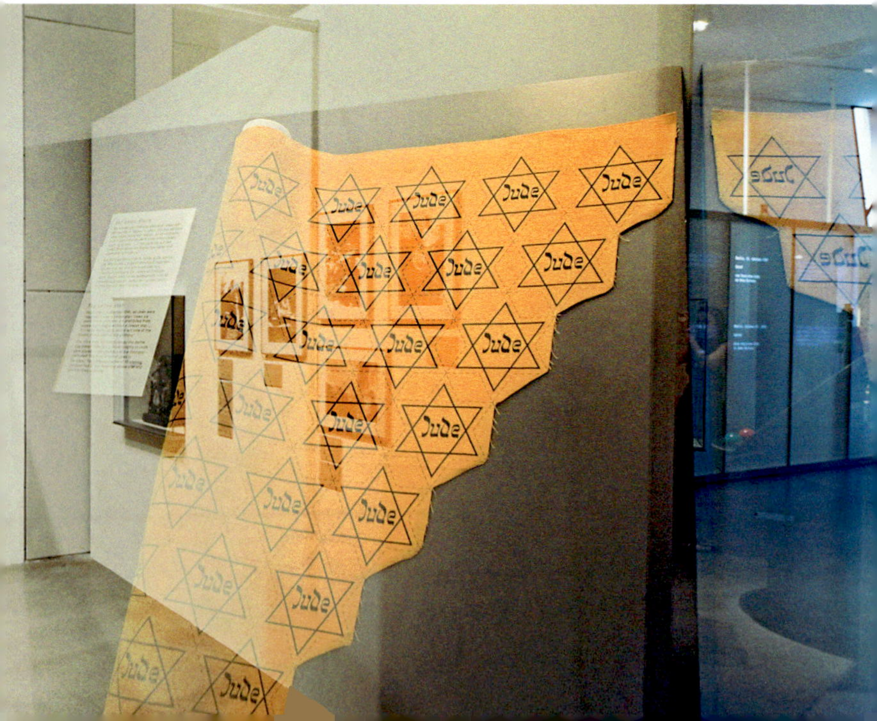

Paño con la «estrella judía»

ayuda social para judíos en necesidad. También se hicieron varios pre-
parativos para emigrar a Palestina, Australia, Sudamérica, Shangai o a los
Estados Unidos.

Con las leyes de Nuremberg del 15 de septiembre de 1935 (leyes de
la raza), el Gobierno Nazi declaró a los judíos alemanes ciudadanos de
segunda clase.

La noche del 9 de noviembre de 1938 el gobierno organizó pogromes
en todo el país contra la población judío-alemana, destruyendo 7500 tien-
das, 76 sinagogas y poniendo fuego a 200 sinagogas. Hubo asesinatos y
deportaciones en los campos de concentración.

De la progresiva privación de derechos y bienes y de la deportación, se
pasó al comenzar la guerra en 1939 al asesinato sistemático de la población judía. Un paño amarillo con la impresión «estrella judía» recuerda la
obligación (a partir del 19 de septiembre de 1941) de llevar en la ropa este
símbolo. Hasta la prohibición definitiva de emigrar en octubre de 1941
pudo abandonar Alemania casi la mitad de la población judía.

Los que se quedaron en su tierra sufrieron de manera cruel las deportaciones a los campos de concentración y exterminio, instalados para un asesinato masivo tecnificado. En toda Europa fueron asesinados al menos seis millones de judíos bajo el régimen nazi, entre ellos cerca de doscientos mil de Alemania.

Pocas decenas de miles sobrevivieron al holocausto.

El presente (1945–hasta hoy)

En esta sección está documentado entre otros el «Proceso de Auschwitz» ante el Tribunal de Jurado en Francfort del Meno en 1963, que muestra el tardío tratamiento jurídico del asesinato masivo por parte de los nazis en la República Federal de Alemania.

La visita del museo termina en un espacio completamente verde, iluminado por la luz del día que entra directamente. Detrás de un void se

Biografías judías en Alemania, Austria y Suiza después del holocausto muestra la última sala de la exposición

Al final de la visita hay modernos álbumes de visitantes. También fotos del actor de televisión Hans Rosenthal (1925–1987)

presentan biografías sobre la juventud y niñez en Austria, Suiza y Alemania después de 1945.

En julio de 1950 cuando se fundó en Francfort del Meno el Consejo Central de los Judíos, vivían en la República Federal cerca de 15.000 judíos, en la República Democrática había 400 antes de 1989. La Comunidad Judía cuenta ahora en Alemania con 120.000 miembros.

Rafael Roth Learning Center & Gallery of the Missing

El Rafael Roth Learning Center que se encuentra en el subterráneo es un anexo de la exposición permanente provisto de 20 terminales de ordenadores que ofrecen la posibilidad de profundizar lo aprendido en el museo. Hay además un diccionario enciclopédico y un catálogo virtual donde están descritos con más detalle objetos selectos de la vasta colección y la exposición. Se explican los antecedentes de las tradiciones

Terminales en el Rafael Roth Learning Center y grabaciones auditivas de la Gallery of the Missing (p. 90/91)

Una parte de la Gallery of the Missing

judías, hay numerosas historias multimediales sobre personalidades y están a elección temas de la cocina judía, los salones de té berlineses, prejuicios cristianos acerca de los judíos o «Displaced Persons Camps» de los sobrevivientes de los campos de concentración. Para las jóvenes generaciones se ha desarrollado el juego multimedial «Sansanvis Park» que explica la vida judía de hoy.

El Learning Center ha recibido el nombre del mecenas berlinés Rafael Roth.

Una contribución especial de la exposición es la **Gallery of the Missing** – la galería de los objetos perdidos. Aquí se recuerda la pérdida de bienes culturales, posibles piezas del museo que ya no existen, sea por su destrucción o porque fueron vendidas fuera del país. Via Lewandowsky (nacida 1963 en Dresde) creo bloques negros de vidrio en forma de voids, colocados en la pared como vitrinas no transparentes, en apariencia insignificantes, pero que impresionan. Son grabaciones auditivas que describen los objetos perdidos que se echan de menos.

Daniel Libeskind: vida y obra

1946	Nacido el 12 de mayo in Lodz (Polonia)
1957	Traslado con los padres a Israel (Tel Aviv), estudio de música
1960	Traslado a Nueva York, asiste al Bronx High School of Sciene
1965	Adopta la nacionalidad norteamericana
1965–70	Estudio de arquitectura en la Cooper Union for the Advancement of Sciene and Art en Nueva York (entre otros con con Richard Meier y Peter Eisenman)
1970–71	Estudio de posgrado en historia y teoría de la arquitectura en la School of Comparative Studies Essex (Inglaterra)
1973–78	Docente en universidades y escuelas superiores de Lexington (Kentucky), Londres, Toronto
1978–85	Decano de la Facultad de Arquitectura de la Cranbury Academy of Art en Bloomfield Hills, Michigan; primera oficina propia de arquitectura
desde 1985	Da numerosas cátedras como invitado
1986–89	Fundador y director del instituto privado «Architecture Intermundium» en Milán
1989	Ganador del Concurso para la ampliación del Museo de Berlín con la sección judía
1989	Traslado a Berlín para impulsar la realización del Museo Judío
1990	Oficina de arquitectura en Berlín
1994–98	Profesor en la University of California Los Angeles
1994–95	Oficina de arquitectura en Los Angeles
1999	Profesor en la facultad de arquitectura Escuela Superior de Creación Artística de Karlsruhe
2001	Inauguración del Museo Judío de Berlín
2003	Ganador del concurso para la construcción del nuevo edificio del World Trade Center en Nueva York
2003	Traslado a Nueva York, Oficina de Arquitectura Estudio Libeskind

Daniel Libeskind es miembro de la Academia de Bellas Artes de Berlín-Brandeburgo, de la European Academy of Arts and Sciences y de la American Academy of Arts and Letters. Además ha obtenido el título de doctor honoris causa de varias universidades, entre ellas de la Universidad Humboldt de Berlín.

Premios:

Liebeskind ha recibido entre otros premios la Medalla de Goethe así como el de la American Academy of Arts and Letters Award of Architecture, el Premio de Cultura de Berlín y la Medalla de Buber-Rosenzweig de Augsburgo.

Obras (selección):

Museo Judío, Berlín	1992–1999
Casa Felix Nussbaum, Osnabrück	1995–1998
Museo Judío Danés, Copenhague	1996–2004
Uozu Mountain Pavillon, Uozu (Japón)	1997
Imperial War Museum of the North, Manchester	1997–2001
Galería de Barbara Weil, Port d'Andratx, Mallorca	1998–2003
The Contemporary Jewish Museum, San Francisco	1998–2006
Universidad Bar-Ilan, Wohl Centre, Tel Aviv	2005
Ampliación del Denver Art Museum	2003–2006
London Metropolitan University: Graduate Student Centre	2001–2003
Ampliación del Royal Ontario Museum, Toronto	2003–2005
Hyundai Development Corporation Headquarters	2003–2005
Westside Shopping Center, Berna, Suiza	2008
The Ascent at Roebling's Bridge, Covington, Kentucky	2008
MGM Mirage City Center, Las Vegas	2009
Museo de Historia Militar de Dresde	2003–2011
Creative Media Centre, City University of Hong Kong	2010
Academia del Museo Judío de Berlín	2011
The L Tower and Sony Center, Toronto	2011
Haeundae Udong Hyundai I'Park, Busan, Corea del Sur	2011
Keppel Bay, Singapur	proyectado 2012

Museo Judío de Berlín

Proyecto del concurso para la ampliación del Museo de Berlín
(junio 1989)
Colocación de la primera piedra: 9 de noviembre de 1992
Tiempo de construcción: 1993–1998
Terminación: 22 de enero de 1999
El 13 de septiembre de 2001 se inauguró el Museo Judío –
en el vigésimo quinto Elul, 5761 años después de la creación.
Costo de la construcción: aproximadamente 61 millones de euros
Premio Alemán de Arquitectura para el Museo Judío (1999)

Museo Judío de Berlín
Lindenstraße 9–14
10969 Berlin
+ 49 (0)30 25993 300
Metro: U 1, U 6 Hallesches Tor

Horario de apertura:
Todos los días de 10 a 20 (lunes de 10 a 22)
Cerrado en las fiestas judías Rosh Hashaná y
Iom Kipur así como el 24 de diciembre.

Literatura complementaria

Arnt Cobbers: Architekten und Baumeister in Berlin – Daniel Libeskind,
Berlín 2006
Daniel Libeskind: Breaking ground, Entwürfe meines Lebens,
Colonia 2004
Bill Rebiger: Jüdisches Berlin – Photos aus Kaiserreich und Weimarer
Republik, Berlín 2008
Bernhard Schneider: Daniel Libeskind – Jüdisches Museum Berlin,
Munich 1999

Bill Rebiger
JÜDISCHES BERLIN / JEWISH LIFE IN BERLIN
Photos aus Kaiserreich und Weimarer Republik /
Photos from the German Empire and Weimar Republic
Deutsch • English
128 páginas, 117 fotos
€ 29,90

Bill Rebiger
DAS JÜDISCHE BERLIN
Kultur, Religion und Alltag
gestern und heute
240 páginas, 30 fotos en color
€ 12,95

Rebiger/Schneider
JÜDISCHE STÄTTEN
IN BERLIN
32 páginas, 32 fotos en color
€ 5,–

JEWISH SITES IN BERLIN
€ 5,–

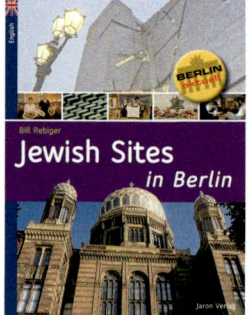